# FAKTuell - Verlag

Wir machen´s einfach!



Wissen hat keinen finalen Aspekt!

They mocked me when I was singing the songs
Trying to get back to something more simple than we have
They mocked me 'cos I told it like it was

Mocked me when it got out of hand
Nobody tried to understand
Now we got to keep it simple and that's that

Well I'm down here on the running board
Where I've been many times before
But we got to keep it simple to save ourselves
**Van Morrison – Keep it Simple**

# FAKTuell -Verlag
Wir machen´s einfach!

Christopher Ray
Monika Lenz

# Handbuch
## Bedingungsloses Grundeinkommen

### Pro und Kontra

Sachbuch © 2011
Reihe: Besser leben
FAKTuell-Verlag
BoD-Edition

Herausgeber
Monika Lenz

**Legende**

Noch rufen unsere gewählten Volksvertreter nach Arbeit für alle Bürger, und strapazieren den alten Slogan, dass Leistung sich wieder lohnen muss. Westerwelle und Konsorten erzählen uns etwas von den Leistungsträgern und meinen dabei jene, die einen Job haben, der ihnen monatlich mehr Einkommen bietet, als sie für Essen, Kleidung und Wohnen benötigen. Selbst Urlaubsreisen und neue Autos sind für diese Leistungsträger erschwinglich. All die anderen, die für Niedriglöhne einer Beschäftigung nachgehen, und das entwickelt sich immer mehr zur Norm, dienen diesen Politikern als Legitimation für möglichst noch geringere Leistungen beim Arbeitsamt und den Jobcentern. Begründung: *„Der Abstand zwischen Sozialleistungen und Arbeitslohn muss größer werden."*

**Vorstellung**

Monika Lenz und Christopher Ray haben sich als Herausgeber und Redakteure der ersten deutschen Onlinezeitung (FAKTuell.de), und den Sachbüchern der faktor-L-Reihe einen Namen gemacht. Unter der Prämisse „Wissen hat keinen finalen Aspekt", eröffnen sie neue Perspektiven zu durch Konsens zementierten Themen.

FAKTuell Verlag
Monika Lenz
An den Birken 5
D-02827 Görlitz

***

www.FAKTuell.de

***

Lektorat: Anne Schlesinger
Umschlag & Layout: Claudia von Hausen * GOpress.de

***

1. Auflage – 2011
Herstellung und Verlag dieser Ausgabe:
Books on Demand GmbH * Norderstedt

***



***

ISBN: 9783842363946

# Prolog

● Ein paar Worte vorab

Ein Handbuch hat mehrere Vorteile. Der wesentliche Vorteil ist, dass wir uns mit der Sache vertraut machen können, ohne Standpunkte einnehmen oder verteidigen zu müssen. Gerade beim Bedingungslosen Grundeinkommen (BGE) hat sich das in den letzten Jahren als notwendig erwiesen.

Selbst die meisten Vier-Augen-Gespräche zwischen Gegnern und Befürwortern des BGE laufen (nicht nur bei Männern) meist auf den berüchtigten Weit-Pinkel-Wettbewerb hinaus. Irgendwie hat es diese Gesellschaft offenbar geschafft, dass ein Meinungsaustausch nicht zu einem Konsens führen darf, sondern zwingend einen Gewinner generieren muss. Nüchtern betrachtet geht es nicht um Inhalte, sondern um vermeintliche Siege.

Wer Standpunkte verteidigt, statt sie an anderen Standpunkten zu überprüfen, der kommt zwangsläufig keinen Schritt weiter. Klartext: Wer Recht behalten will, der hat in der Regel keines. Nichts wird so vehement verteidigt, wie eigene Fehler.

Das liegt in erster Linie daran, dass wir so erzogen und ausgebildet werden, dass uns Glaube als Wissen verkauft wird. Das kann man tagtäglich überprüfen.

Es wird an die Vollbeschäftigung geglaubt, an die Selbstregulierung der Wirtschaft und dass der Markt alles regeln wird. Unabhängig davon, dass wir wissen, dass dies die letzten Jahrzehnte nicht funktioniert hat. Aber es wird geglaubt. Von den Parteien und den Politikern. Viel schlimmer ist, wenn die es tatsächlich für Wissen halten.

Gut. Für dieses Handbuch benötigen Sie nur den Glauben an Ihre Intelligenz. Ansonsten geht es hier alleine um Wissen. Um Wissen welches Sie (latent) mit sich herumtragen, und das wir mit weiteren Fakten aktivieren und nutzbar machen werden. Natürlich nur wenn Sie wollen. Wenn nicht – es erfährt ja keiner, dass Sie hinter die Kulissen geschaut haben.

Natürlich ist dieses Handbuch für Befürworter, Gegner und Unentschlossene geeignet, um eine fundierte Meinung zu generieren. Danach kann man dafür oder dagegen sein, nur unentschlossen funktioniert nicht mehr so recht. Es sei denn, man gehört zu jenen, die sich lieber den vermeintlich Stärkeren anschließen wollen. Wer auch immer, aus deren Blickwinkel, das sein mag.

Natürlich halten wir uns an das Eingangszitat von Van Morrison: Keep it simple. *Wir machen's einfach.* In jeder denkbaren Lesart dieses Versprechens. Deshalb wird das ein schmales Buch. Aufblasen überlassen wir anderen.

Platz für Ihre persönlichen Notizen räumen wir Ihnen natürlich auch wieder ein, wie Sie das von uns gewohnt sind. Dafür sparen wir uns (und Ihnen) Füllsel und Phrasen. Nutzen Sie das Angebot, dieses Buch mitzugestalten, indem Sie es mit Ihren Gedanken personalisieren. Das macht es (für Sie) wertvoller.

Keine Angst und keine Hemmungen. Es sieht ja keiner. Aber es ist auch in Jahren noch ein Dokument Ihrer ganz persönlichen Entwicklung. Auch sonst eher flüchtige Gedanken und Ideen sind für Sie immer wieder greifbar, wenn Sie sie hier festhalten. Das hat, im positiven Sinn, Tagebuch-Qualität. Es hilft Ihnen dabei sich am Tag X in die Persönlichkeit zurück zu versetzen, die Sie aktuell sind. Ob Ihnen das gefällt, können Sie dann entscheiden.

Wenn Sie nachlesen wollen, wie das bei mir gewesen ist, dann empfehle ich Ihnen mein erstes BGE-Buch von 2002: *Zeitgerecht*Bürgergehalt * Alle Menschen sind gleich! Dir auch?* Dann können Sie sich ein eigenes Bild machen.

Sie werden sicher unseren Kernsatz, „Wissen hat keinen finalen Aspekt", bei der Lektüre bestätigt finden. Natürlich haben wir auch praktische Erfahrungen gemacht, an denen Sie teilnehmen können.

Meine Ehefrau war im Rahmen ihres Studiums in Namibia und hat sich dort genau angesehen, wie das BGE auf die Menschen wirkt. Leben ohne Existenzangst. Selbst gestaltet. Bildung, Ausbildung und Unternehmergeist. Aber lesen Sie selbst, wenn Sie sich ein eigenes Bild machen wollen: ISBN: 978-3839171790 *Das Bedingungslose Grundeinkommen - eine Chance zum Leben? Ein Projekt in Namibia und Aspekte der möglichen Übertragbarkeit auf die Bundesrepublik Deutschland.*

Nehmen Sie das alles als Zusatzangebot, als Möglichkeit, wenn Sie etwas intensiver hinter die Kulissen schauen wollen. Es kann Ihnen bei Ihrer Meinungsfindung weiterhelfen, weil es keine spekulativen Elemente oder Schlussfolgerungen enthält. Nur Fakten – und als Meinung gekennzeichnete Aussagen.

Görlitz der 18. Mai 2011
Christopher Ray

Bevor Sie weiterlesen, können Sie hier Ihre aktuelle Meinung zum Bedingungslosen Grundeinkommen (BGE) festhalten. Das hilft Ihnen - auch bei der persönlichen Bewertung dieses Buches.

# Pro und Kontra

● Dafür oder dagegen
● Ansichten und Einsichten

Es gibt immer Gründe für oder gegen etwas zu sein. Das ist beim Bedingungslosen Grundeinkommen nicht anders, als bei der Diskussion um den Windpark, der um die Ecke herum gebaut werden soll. Ich nenne Ihnen ein paar der üblichen Gründe, die angeblich gegen das BGE sprechen.

Es sind die Meinungen, mit denen man mich bei Diskussionen, zu denen ich doch immer noch eingeladen werde, konfrontiert. Deshalb übernehme ich auch an dieser Stelle den Pro-Part. Sie können sich dann entscheiden, was Sie in Ihren Ressourcenkoffer packen und als eigene Meinung mit sich herumtragen wollen.

Kontra: Wir brauchen Vollbeschäftigung, keine Geschenke vom Staat. Die Menschen wollen arbeiten.

In der Regel kommt aus der gleichen Ecke kurz darauf als Kontra: Wenn wir ein BGE haben, dann geht keiner mehr arbeiten.

Hier erinnere ich gerne daran, dass mit Arbeit, wie sie dort zitiert wird, immer Lohnarbeit gemeint ist. Weit mehr an nichtbezahlter Arbeit wird tagtäglich in der Bundesrepublik geleistet – aber nur selten gewürdigt.

Schon seit Jahren werden weit mehr ehrenamtliche Arbeitsstunden geleistet, als bezahlte. Wer Zweifel daran hat, der kann beim Statistischen Bundesamt nachlesen oder nachfragen.

Wenn wirklich alle Menschen Lohnarbeit wollen, dann ist die Vermutung, dass mit einem BGE die Lust auf Lohnarbeit plötzlich verschwindet zumindest suspekt.

Das Bedingungslose Grundeinkommen deckt das ab, was der Mensch zum Leben braucht. Mit der Lohnarbeit beschafft er sich das, was er zum Leben will.

Kontra: Die Alterspyramide reduziert das Angebot an Fachkräften dramatisch. Schon seit Jahren können wir den Bedarf nicht mehr aus den eigenen Reihen decken.

Tatsache ist: Selbst die Agentur für Arbeit widerspricht dieser These. Mehr als ein Drittel der gemeldeten Arbeitslosen und Hartz-IV Opfer haben eine akademische Ausbildung. Allerdings gelten auch Akademiker ab 45 Jahren praktisch als unvermittelbar. Intern wird damit argumentiert, dass sie weit teurer wären als junge Arbeitnehmer. Offiziell spricht man gerne von fehlender Fortbildung. Ohne das nachgewiesen zu haben oder diese gegebenenfalls anzubieten.

Schon 1999 stellte der ehemalige Innenminister Heinz Eggert (CDU) in einem Interview mit FAKTuell fest: "Wer das VW-Werk besichtigt hat, in einer Riesenhalle nur fünf Arbeitern begegnet ist, wo früher 800 arbeiteten, der kann nicht an Vollbeschäftigung glauben. Wir erleben den Abschied vom Industriezeitalter. Das muss endlich realisiert werden. Neue Konzepte, die der Realität gerecht werden, müssen auf den Tisch."

Kontra: Ein Bedingungsloses Grundeinkommen ist nicht bezahlbar/finanzierbar/machbar.

Das HWWI (HamburgischesWeltWirtschaftsInstitut) hat schon vor fünf Jahren im Auftrag des damaligen Ministerpräsidenten Dieter Althaus (CDU) die Finanzierung geprüft und bestätigt. (mehr: hwwi.org)

21. März 2007 - Ministerpräsident D. Althaus an Christopher Ray: "Es gelingt Ihnen, interessante Sachverhalte plastisch darzustellen. In der Befürwortung eines bedingungslosen Grundeinkommens sind wir uns einig."

Der erste Satz unterstreicht, dass er mich verstanden hat, der zweite, dass wir uns verstanden haben. Wenn das bei Ihnen genau so funktioniert, dann habe ich etwas richtig gemacht. Urteilen Sie bitte erst, wenn Sie das Buch gelesen und Ihre Notizen hinzugefügt haben. Danke.

Hier noch ein Ausschnitt aus einem FAKTuell-Interview mit Joachim Paulick (Oberbürgermeister von Görlitz):
Ray: „Was wäre denn eine befriedigende Lösung?"
Joachim Paulick: „Das Bedingungslose Grundeinkommen.
Denn dann würden Personalentscheidungen auf jeder Ebene ihre existenzielle Bedeutung verlieren. Das gesamte Leben würde entspannter, produktiver und interessanter. Das sehen offenbar auch Teile der CDU immer öfter so. Gerade hat eine CDU-Kommission entsprechende Vorschläge unterbreitet.
Tatsache ist: Erst mit dem Bedingungslosen Grundeinkommen werden wir eine echte Partnerschaft zwischen Arbeitnehmer und Arbeitgeber erhalten. Egal, wie man sich sonst auf beiden Seiten bemüht."

Zum Abschluss noch ein Kontra-Beitrag von Dr. Harald Wozniewski. Facebook-Usern auch als Dr. Wo bekannt. Mit freundlicher Genehmigung aus meudalismus.dr-wo.de:

# Bedingungsloses Grundeinkommen (BGE)
(2010) von Harald Wozniewski

Wie ich schon seit Jahren hervorhebe, ist die Aussicht auf ein bedingungsloses Grundeinkommen (im Folgenden: BGE) für eine wachsende Zahl von Bürgern die Verheißung schlechthin. Denn immer mehr Bürger werden wirtschaftlich ins Aus gedrängt und sehen sich - zu Recht - durch die immer restriktiveren (a)sozialen Systeme diskriminiert. In diesem Aufsatz möchte ich die vier aus meiner Sicht wesentlichen Fragen zum BGE diskutieren:

Wer macht dann noch die Arbeit?
Wie hoch soll das BGE sein?
Woher soll das Geld für das BGE kommen?
Verbessert das BGE den Wohlstand der Bürger?

**1. Wer macht dann noch die Arbeit?**
Diese Frage können nur Schildbürger oder eingefleischte Meudalisten stellen. Schildbürger, weil sie das marktwirtschaftliche Prinzip nicht begreifen, dass es nur eine Frage des Preises ist, dass jede Arbeit gemacht wird. Meudalisten, weil sie befürchten, dass die wirtschaftliche Not der breiten Bevölkerung zu gering werden könnte, als dass sie noch die Arbeit für die Meudalherren machen würde.

Götz Werner, einer unserer Meudalherren, ist da raffinierter. Den Schildbürgern erklärt er genau das obengenannte marktwirtschaftliche Prinzip, womit er bei vielen sogar die Hoffnung keimen lässt, mit dem BGE würden zusätzlich die Löhne und Gehälter steigen. Den Meudalisten erklärt er, dass das BGE "substitutiv" sein müsse, dass es also auf die bestehenden Löhne und Gehälter anzurechnen sei - so, wie es auch Sozialhilfe, Rente usw. ersetzen würde - und dass die Menschen daher gar nicht mehr Geld als vorher hätten und weiter auf bezahlte Arbeitsplätze angewiesen wären.

Wenn wir einmal die Froschperspektive der Schildbürger verlassen und die Sicht der Meudalherren einnehmen, so erkennen wir, dass die Frage, wer dann noch die Arbeit macht, allein die Frage ist, wie viel des vorhandenen Geldes wird durch ein BGE umverteilt und wie viel davon bleibt im klassischen marktwirtschaftlichen System. Würde man ALLES Geld ins BGE geben, dann könnte gar niemand mehr durch Arbeit hinzu verdienen! Der Händler würde zwar seine Waren verkaufen können, das Geld, das er dabei einnimmt, müsste ihm aber wieder abgenommen werden, damit es ins BGE fließen kann. Ob in der Zeit zwischen Auszahlung des BGE und Einzug der "BGE-Beiträge" noch geldwirtschaftliche Tätigkeit zustande käme, ist höchst unwahrscheinlich. Vermutlich entstünde wieder eine (geldlose) Tauschwirtschaft, in der sich Arbeit immer noch lohnen würde, oder es entstünde sogar eine Parallelwirtschaft mit einer zweiten, eventuell neuen Währung.

Götz Werner nennt - schlau, wie er ist - denn auch nur einen Betrag als BGE, der ein wenig höher als der aktuelle Sozialhilfe- bzw. Hartz-IV-Satz ist. Damit wird nur ein winziger Bruchteil des vorhandenen Geldes ins BGE geleitet, und im Übrigen bleibt das Geld im Markt der Meudalherren.

Irrwitzigerweise zielt auch die Partei Die Linke nur auf solch minimalistische BGE-Beträge ab (vgl. "Konzept der BAG Grundeinkommen in und bei der Partei DIE LINKE für ein Bedingungsloses Grundeinkommen (BGE) in Existenz und Teilhabe sichernder Höhe" vom 8. 4. 2010).

## 2. Wie hoch soll das BGE sein?

Wie ich schon betont habe, muss man zur Beantwortung dieser Frage die Froschperspektive der Schildbürger verlassen haben. Man darf sich nicht von der Gewohnheit der Masse der Bevölkerung leiten lassen, mit monatlich ein paar Hundert oder Tausend Euro über die Runden zu kommen. Dies hat in den letzten 40 Jahren nur zu einer stetigen Verschuldung der meisten privaten und öffentlichen Haushalte und letztlich in den gegenwärtigen Meudalismus geführt.

Das Ziel eines jeden Bürgers muss es vielmehr sein, eine mittlere Menge an Kaufkraft (= Geld) und eine mittlere Menge des im Land vorhandenen Vermögens zu erlangen.
Ich verweise dazu zunächst auf "Breitgeschichtete Massenkaufkraft - oder: Was heißt hier Mittelschicht?" unter www.wohlstandfueralle.de/html/breitgeschichtete_massenkauf kr.htm.
Sie lesen dort am Ende, dass ein Monatseinkommen eines Arbeitnehmers, das eine mittlere Kaufkraft nach dem Stand April 2010 von 31.555 Euro pro Haushalt gewährleisten soll, rund 63.110 Euro hoch sein muss. Wer demgegenüber ein BGE von lediglich 1000 Euro pro Kopf und Monat propagiert, macht sich am weiteren Wachstum des Meudalismus mitschuldig.

Die Höhe des BGE muss sich an der vorhandenen Geldmenge orientieren und zwar an der Geldmenge M1. Diese steigt seit der Währungsreform 1948 im Schnitt um etwas über zehn Prozent jährlich, seit Beginn der Krise 2007 sogar deutlich darüber. Die Bürger und das BGE müssen an solchem Geldmengenwachstum 100prozentig teilhaben. Nur dann bleibt es dauerhaft von Bedeutung! Mehr Geld in der Breite der Bevölkerung würde aber auch zum Abbau der allgemeinen Verschuldung (sowohl bei den privaten als auch bei den öffentlichen Haushalten) und damit zur

Schrumpfung der Geldmenge führen. Ein BGE, das volkswirtschaftlich sinnvoll ist, würde also betragsmäßig hoch beginnen und automatisch mit der Geldmenge schrumpfen und wachsen müssen.

Da Geld nicht verbrennt, wenn es ausgegeben wird, sondern lediglich den Eigentümer wechselt, könnte leicht ein Viertel des vorhandenen Geldes M1 einmal im Monat als BGE umverteilt werden. Drei Viertel blieben dann für die "soziale Marktwirtschaft" übrig.

Wem das zu viel erscheint, der sei darüber belehrt, dass zur Währungsreform 1948 unter Ludwig Erhard 60 Mark Kopfgeld ver- bzw. umverteilt wurden und dass dies etwa einem Viertel des damals neu geschaffenen Geldes M3 entsprach. Auf April 2010 übertragen sind das 55.514 Euro geteilt durch vier, also 13.878,50 Euro M3 pro Haushalt bzw. 27.131 Euro durch vier, also  6.782,75 Euro M3 pro Kopf.

Über M1 von damals sind keine Zahlen ersichtlich. Doch geht man bei M1 von etwa der Hälfte von M3 aus, so waren die 60 Mark Kopfgeld ebenfalls etwa die Hälfte der Geldmenge M1 pro Kopf.

Leider wenig verbreitet ist die Erkenntnis, dass genau diese neu geschaffene breite Massenkaufkraft das Wirtschaftswunder der 1950er und 60er Jahre zur Folge hatte.

Nach dem Stand vom April 2010 wären das 31.555 Euro durch vier, also 7.888,75 Euro M1 pro Haushalt bzw. 15.421 Euro durch vier, also 3.855,25 Euro M1 pro Kopf. Man könnte ohne Not und Gefahr für die Volkswirtschaft auch höher greifen.

## 3. Woher soll das Geld für das BGE kommen?

Auch diese Frage höre ich immer wieder von Schildbürgern und Meudalisten. Von Ersteren, weil sie keine Ahnung haben von der existierenden Geldmenge. Von Letzteren aus Kalkül, mit dem sie Angst verbreiten und den Meudalismus bewahren wollen.

Geradezu perfide ist die Antwort auf die hier gestellte Frage von Götz Werner. Er will die progressiven Einkommens- und Ertragssteuern abschaffen. Die, die also vor allem die Meudalherren belasten, und die Umsatzsteuer vervielfachen, was er dann Konsumsteuer nennt. Die belastet dann vor allem die breite Bevölkerung. Kein Unternehmen mehr - wenn man einmal von der Tatsache absieht, dass ja dann nur noch die Unternehmen die Steuer ans Finanzamt abzuführen haben und folglich Steuerhinterziehung für die Unternehmen immer reizvoller wird. Im Ergebnis will Götz Werner nur einen winzigen Bruchteil der vorhandenen Kaufkraft (= Geld) im BGE-System kreisen lassen und die Besteuerung der Meudalherren nahe null drücken.
(Ausführlich unter: Das bedingungslose Grundeinkommen nach Götz Werner fördert den Meudalismus)

Aus dem oben unter 1 und 2 Gesagten wird schon deutlich:
Man muss das Geld für das BGE da abholen, wo es sich befindet!

Das Geld ist reichlich vorhanden. Im grauen Kasten unter www.meudalismus.drwo.de/html/grundeinkommen.htm ist die aktuelle Geldmenge pro Haushalt angeführt.

Es ist also nicht, wie die Schildbürger glauben, so, dass gar nicht genug Geld für das BGE vorhanden wäre. Die Studie [Fakten/Konjunktur] "Meudaleffekt, Geldmengenwachstum und

Konjunktur" hat gezeigt, dass die Geldumlaufgeschwindigkeit seit 1981 permanent sinkt und dieses Jahr schon unter den Faktor zwei fällt. Die Studie zeigt auch, dass dies einerseits an der sinkenden Geldmenge in der breiten Bevölkerung liegt, die das wenige Geld aber mit dem Faktor von rund zwölf fleißig rollen lässt, und andererseits an den stetig wachsenden Geldbergen bei den Meudalherren, die das Geld so gut wie nicht mehr bewegen (können).

Noch mal: Das Geld für das BGE muss da abgeholt werden, wo es sich befindet! Sonst hat das BGE keinen Sinn. Sonst verkommt es so sicher und schnell, wie auch die ganzen anderen Sozialsysteme in den letzten 40 Jahren verkommen sind.

## 4. Verbessert das BGE den Wohlstand der Bürger?

Ein uneingeschränktes "Ja" kann ich dazu auch bei Annahme des bestmöglichen BGE-Systems nicht geben. Denn das BGE beseitigt den Meudalismus nicht. Und solange der Meudalismus andauert, wird es keinen Wohlstand für alle geben. Erst die Beseitigung des Meudalismus, erst die Beseitigung des Reichtums von Einzelnen lässt Vermögen, Geld und Wohlstand bei allen wachsen. Dann ist allerdings auch kein BGE mehr nötig!

"Ein wenig" lautet meine Antwort, wenn das BGE-System meinen Gedanken oben unter 2 und 3 folgt, wenn es also vielfach so hoch ist, wie es heute öffentlich diskutiert wird, und wenn das Geld dazu bei den Geldbesitzern geholt wird.

"Nein, im Gegenteil" lautet meine Antwort, wenn Götz Werner sich mit seinem Plan durchsetzt. Und ich versichere Ihnen: Er wird sich durchsetzen, wenn überhaupt ein BGE eingeführt werden sollte! Diese Prophezeiung sollten alle lesen und verinnerlichen, die sich heute so sehr für ein BGE stark machen!

<Ende des Beitrags>

Anmerkung: Meudalismus = Moderner Feudalismus

An dieser Stelle erinnere ich wieder an das FAKTuell-Motto: Wir machens einfach  - Keep it simple. Was Dr. Wo will, wird ein BGE verhindern, wenn man ihm folgt. Nicht, dass man ihm nicht folgen könnte. Aber Enteignung, und darauf läuft es hinaus, ist kein Konzept, welches sich ohne Bürgerkrieg umsetzen lässt.

Das BGE ist dagegen eine Soforthilfe, die zu einer sanften Revolution führt. Zur Evolution der Gesellschaft. Dr. Wo lehnt es ab, denen einen Rettungsring zuzuwerfen, denen schon heute das Wasser bis zum Hals steht, weil jeder Rettungsring von einem Meudalisten produziert wird, der dann an dieser Aktion finanziell profitiert.

Und damit meine ich nicht nur die Hartz-IV-Opfer und Billigstlöhner. Auch Handwerk, Handel und andere regionale Mittelständer profitieren durch ein Bedingungsloses Grundeinkommen. Denn das bringt Kaufkraft in die Fläche. Und nur wo Geld verdient wird werden Arbeitsplätze gesichert und neu entstehen.

Stellen Sie sich die Lebensplanung eines Durchschnittsbürgers vor. Mit einem BGE von zum Beispiel 1.000 Euro pro Person wird die wieder stattfinden. Familie, Kinder, Weiterbildung. All das stellt kein Überlebensrisiko mehr dar.

# Bedingungsloses Grundeinkommen

- BGE – Was ist das?
- BGE - Verfügbarkeit?
- BGE – Wieviel BG im Monat?
- BGE – Wofür – Weshalb?

Das Bedingungslose Grundeinkommen ist eine monatliche fixe Zahlung des Staates an alle Staatsbürger. Unabhängig von ihrer Bedürftigkeit. Es garantiert die Existenzsicherung ohne jegliche Abhängigkeiten.

Jede Einzelperson hat einen Individualanspruch auf das BGE. Es ist nicht pfändbar oder ansonsten für Dritte verfügbar. Das BGE unterliegt alleine der Verfügungsgewalt des Beziehers. (Unisex)

Die Höhe des BGE ist diskutabel. Sie sollte sich jedoch zumindest an der jeweiligen Pfändungsfreigrenze für Einzelpersonen orientieren. Die liegt derzeit bei 985,15 Euro pro Monat und kann als staatlich festgestelltes Existenzminimum angesehen werden.

Das BGE soll in erster Linie die Grundbedürfnisse und Grundrechte auf Teilhabe sichern. Im Klartext: Wohnen, Essen, Kleidung, Bildung und kulturelle Veranstaltungen. Und das unter den Prämissen des Grundgesetzes. Insbesondere: Menschenwürde und persönliche Freiheitsrechte.

Wer einmal als sogenannter Kunde bei einer der ARGEN (jetzt Jobcenter) erscheinen musste, der wird die Notwendigkeit der Wahrung der Menschenrechte leidvoll erfahren haben. Der Zwang zur Annahme von Billiglohn-Jobs oder sogenannten Ein-Euro-Jobs geht sicher nicht mit den im Grundgesetz fixierten Menschenrechten konform. Das ist unterbezahlte Zwangsarbeit, an der nur Dritte verdienen.

Tatsächlich nimmt man mit diesen Zu-Niedrig-Lohn-Jobs die Kaufkraft aus der Fläche und schafft damit noch mehr Probleme. Denn wo kein nennenswertes Einkommen verfügbar ist, steigt die Zahl der Insolvenzen. Ohne Kaufkraft kann sich Handwerk und Handel auf Sicht in den betroffenen Gebieten nicht halten. Das führt zwangsläufig zu weiteren Arbeitsplatzverlusten.

Das Bedingungslose Grundeinkommen ist also das effizienteste Wirtschaftsförderungsprogramm, mit dauerhafter Wirkung. Es ist leistungsfördernd und innovativ. Denn Qualität und Service zahlen sich für die Unternehmen aus. So gesehen ist das BGE ein Mittel zur Förderung von Qualität und Entwicklung. Keine andere Maßnahme ist so zukunftsorientiert. Denn nur wer Konsum in der Fläche möglich macht, fördert die Standorttreue und Innovation der Unternehmen.

Marktwirtschaft setzt voraus, dass es einen Markt gibt. Also Waren und Dienstleistungen denen eine entsprechende Kaufkraft gegenüber steht, aus der man Umsätze generieren kann. Dabei hilft uns ein hohes Durchschnittseinkommen nichts, weil es eben nicht auf alle Bürger verteilt wird, sondern sich aus den Einkünften aller Arbeitnehmer ableitet. Vom Fünf-Euro-Jober im Wachdienst bis zum Deutschen-Bank-Chef Ackermann, der jährlich Millionen nach Hause getragen bekommt.

Die relevante Kaufkraft schwindet mit der Höhe des Einkommens, weil die Grundbedürfnisse relativ früh erfüllt sind. Das fängt bei den Lebensmitteln an, bei denen sich Hartz-IV-Opfer und Billiglöhner früh einschränken müssen, während ein Ackermann das kaum am Kontostand bemerken wird. Selbst wenn er täglich bis zum Platzen schlemmt. Von Kleidung, Möbel und Haushaltsgeräten ganz abgesehen. Die sind bei Hartz-IV-Kunden und Billiglöhnern zwangsläufig kaum Thema.

Klartext: Das BGE sichert Kaufkraft in der Fläche. Kaufkraft weckt den Wettbewerb und generiert Umsätze. Umsätze sichern die Unternehmen und die Arbeitsplätze. Zusatznutzen: Wo Umsätze stattfinden entstehen auch neue Arbeitsplätze.

Lassen Sie uns einen kurzen Seitenblick auf die aktuelle Situation werfen. Energieeinsparung ist eines der Top-Themen. Man spricht von mehr als 30 Prozent Einsparungspotential, wenn man alte Haushaltsgeräte gegen neue austauschen würde, die enorme Verbrauchseinsparungen bieten.

Hört sich richtig gut an, aber… Natürlich gibt es ein sehr offensichtliches Aber, das allerdings von unseren Parteien und Regierungsstellen nicht gesehen oder nicht wahrgenommen wird. Kurz gesagt: Der Austausch alter Energiefresser, die ansonsten noch viele Jahre funktionieren werden, ist für mindestens 20 Millionen Haushalte nicht finanzierbar.

Derzeit gibt es etwa 4,5 Millionen Hartz-IV-Opfer, plus Angehörige, die so schon nicht über die Runden kommen. Hinzu kommen fast drei Millionen Minijobber, die mit 400 Euro (Brutto) im Monat ebenfalls als Käufer ausfallen. Es ist nicht so, dass sich diese Menschen dem Fortschritt verweigern. Sie haben einfach keine finanzielle Basis, um an ihm teilzunehmen. Fortschritt findet genau aus diesem Grund nicht oder nicht zeitnah statt.

Fazit: Das beste Konjunkturprogramm ist ein Bedingungsloses Grundeinkommen. Anders als bei Subventionen, die direkt an Unternehmen gehen, steigert das BGE die Anbieterchancen. Die notwendige Basiskaufkraft ist permanent vorhanden.

Qualität, Innovation und Verkaufspreis sind nun die Merkmale, die im Wettbewerb um die (dann vorhandene) Kaufkraft zählen. In dieser Reihenfolge.

Das Risiko, in einen nicht vorhandenen Markt zu produzieren bzw. Dienstleistungen anzubieten, entfällt. Das sind auch die besten Voraussetzungen für Existenzgründer, wie man anhand des erwähnten BGE-Modellversuchs in Namibia sehen kann.

Natürlich passt das denen nicht, die bisher aus einer Machtposition heraus ihre Geschäfte getätigt haben. Es ist unwahrscheinlich, dass Unternehmen, die auf Niedrigstlöhne und Ausnutzung der Arbeitnehmer aufbauen, diesen Wechsel zum BGE überstehen werden.

Das Druckmittel „Existenzsicherung" entfällt künftig. Arbeitnehmer und Arbeitgeber begegnen sich mit der Einführung des BGE auf Augenhöhe. Zwangsarbeit, ob für einen Euro oder geringfügig mehr, und Machtspielchen der Jobcenter wird es nicht mehr geben.

-Notiz-
Jetzt sind Sie wieder dran:

# Massenmenschhaltung

- BGE - Umweltschutz
- BGE - Jobs on Demand
- BGE – Moderne Zeiten

Alle sprechen vom Umweltschutz und im gleichen Atemzug von Vollbeschäftigung. Nicht erst seit dem Wahlsieg der GRÜNEN in Baden-Württemberg.

Dabei betonen führende Mitglieder aller Parteien, also sogenannte Politiker und Entscheidungsträger, dass Vollbeschäftigung natürlich Mobilität der Arbeitnehmer voraussetzt. Das geht bis zur Glorifizierung der Heimatflucht. Klartext: Umzug in ein anderes Bundesland, um sich dort beschäftigen zu lassen.

Wenn Sie Internetnutzer sind, können Sie hier nur bis zum Schleudertrauma mit dem Kopf schütteln. Dabei meine ich gar nicht den sozialen Aspekt, der zu persönlichen Dramen führt, wenn man Freunde, Bekannte und die Heimat verlassen muss.

Nein. Es geht mir in erster Linie um die Büroarbeitsplätze, die eine persönliche Anwesenheitspflicht nicht mehr rational nachvollziehbar machen. Derzeit gibt es schnelle Internet-Flatrates, die weniger als ein Drittel einer ÖPNV-Monatskarte kosten.

Von den Millionen Litern Sprit, die täglich von Pendlern verbrannt werden, die 50 oder 100 Kilometer zum Arbeitsplatz fahren müssen, wollen wir gar nicht sprechen. Bei Spritpreisen, steigenden, von rund 1,50 Euro pro Liter geht es hier täglich um viele Millionen Euro und einen immensen unnötigen Kohlendioxidausstoß. Das alles für ein antiquiertes Arbeitsplatz-System, mit Massenmenschhaltung in Bürosilos. Teuer und überflüssig. Es sei denn, ein Bürohochhaus trägt tatsächlich zum

Firmenprestige bei. Allerdings halte ich Unternehmen, die das nötig zu haben glauben, für stark existenzgefährdet. Denn eindeutig haben sie noch nicht realisiert, dass der Rohstoff Erdöl immer knapper und teurer wird. Zu knapp und zu teuer, um ihn in unseren Autos für sinnlose Fahrten zu verschwenden.

Es ist nur eine Organisationsfrage, diese externen Büros zu virtualisieren und die Mitarbeiter von zuhause aus arbeiten zu lassen. Für eventuell notwendige Kommunikation kann man schon längst ohne Aufpreis (z.B. per Skype) Telefon- und Videokonferenzen nutzen. So kann man Qualifikation ohne Standortwechsel einkaufen. Die Nähe zum Unternehmen ist für den Mitarbeiter nur noch die Nähe zum nächsten Internetanschluss.

Dass selbst die Zukunft der Produktion schon längst begonnen hat, zeigen die Beispiele aus der Medizin. Komplizierte Operationen per Computerverbindung sind hier teilweise schon Standard. Weshalb sollte das nicht auch die Zukunft der industriellen Produktion sein? Fernbedienung über das Internet oder Direktleitungen sind längst machbar.

Mit dem BGE als Basis können Arbeitnehmer auch Jobs on Demand annehmen und ausführen. Wenn der einzelne Auftrag mit einem Fixpreis ausgezeichnet wird, kann jeder, der dafür qualifiziert ist, diesen annehmen und ausführen. Egal wo er lebt und wo sein Auftraggeber sitzt.

Dass es funktioniert, können Ihnen viele Journalisten bestätigen, die ihr Büro in der Wohnung haben oder als Freelancer arbeiten. Die Verlage interessiert nicht, wo ein Artikel geschrieben wird, sondern dass er geschrieben wird und den Anforderungen genügt. Weshalb sollte das bei Büroarbeiten in Zukunft anders sein? Selbst die Umsatzsteuervoranmeldungen und die Steuererklärungen können schon seit Jahren via Internet gemacht werden. Ohne deshalb beim Finanzamt vorsprechen zu müssen. Ganz selbstverständlich.

Wenn Sie noch Zweifel haben sollten, ob dieser Wandel sich fortsetzen wird, dann suchen Sie selbst im Internet nach der Möglichkeit mit Kommunen, Kreisen und sonstigen Behörden und Verwaltungen Kontakt aufzunehmen. Die Zahl der sogenannten Verwaltungsakte, die Sie per Internet erledigen können und die noch vor einiger Zeit Ihren persönlichen Besuch notwendig gemacht haben, wächst permanent.

Bundesweit können Sie heute sogar Petitionen via Internet einreichen und/oder als Unterstützer mitzeichnen. Die BGE-Petition von Susanne Wiest ist ein aktuelles Beispiel für diesen Fortschritt. Aber das nur am Rande.

-Notiz-

# Wer soll das bezahlen?

- Keiner arbeitet mehr...
- Das Taschengeld-Syndrom...

Die Frage der Finanzierbarkeit des BGE hat das HWWI (Hamburgisches WeltWirtschafts Institut) schon vor einigen Jahren im Auftrag des damaligen Thüringer Ministerpräsidenten Dieter Althaus erforscht und geklärt. Fazit: Es funktioniert.

Das können Sie gerne dort hinterfragen (hwwi.org). Die Daten stehen für jeden Interessenten bereit. Sie ganz oder teilweise zu wiederholen würde den Rahmen dieses Handbuchs sprengen.

Ich nenne Ihnen nur ein paar Fakten. Zum mitdenken. Die weit über 100.000 Mitarbeiter der Agentur für Arbeit, die in teuren Geschäftsräumen mit noch teurerer Hard- und Software agieren, fallen weg. Ebenso die vielen tausend Mitarbeiter der Jobcenter. Diese Leistungen, wie immer man sie bewerten mag, sind mit der BGE-Einführung hinfällig.

Sozialversicherung, Rentenbeiträge und Pflegeversicherung entfallen ersatzlos. Ganz nebenbei macht das auch Arbeit billiger. Sonstige Lohnnebenkosten entfallen ebenfalls ersatzlos. Arbeitnehmer und Arbeitgeber handeln die Bedingungen ihrer Zusammenarbeit untereinander aus. Das betrifft neben den Löhnen und Gehältern natürlich auch die Arbeitszeit. Es wird sich das zusammenfinden, was zusammenpasst.

Die häufig in den Ring geworfene Behauptung: „ Es wird keiner mehr arbeiten, wenn er ein BGE erhält", wurde in Namibia bereits ad absurdum geführt. Auch der Fakt, dass in Deutschland weit mehr ehrenamtliche Arbeit geleistet wird, als Lohnarbeit, wird gerne vergessen oder verschwiegen.

BGE fördert individuelle Leistung. Das wird in Deutschland nicht anders sein als in Namibia. Denn die Menschen wollen stets **mehr**, wenn sie **etwas** haben. Hier greift insbesondere das Taschengeld-Syndrom, welches jedem Leser bekannt sein dürfte.

Zur Erinnerung: Taschengeld erhalten wir als Kinder oder Heranwachsende, weil wir zur Familie gehören. Zu meiner Zeit als Taschengeldempfänger reichte es für Kino, Eis und ein paar Dinge, die nicht zum Familienalltag gehörten. Es war also etwas ganz persönliches, mit dem man eigenverantwortlich umgehen konnte. Natürlich weckte es weitere Bedürfnisse. Zum Beispiel nach einem zweiten Kinobesuch, einer Pizza mit Freunden, und, und, und...

Um den durch das Taschengeld gewachsenen Wunsch nach mehr und öfter zu erfüllen haben wir nach Möglichkeiten gesucht, mehr Einnahmen zu generieren. Wir haben also nicht „nichts" gemacht, wie das viele Gegner des BGE in den Raum stellen. Nein. Wir haben Zeitungen ausgetragen, sind für andere Menschen einkaufen gegangen, haben Treppenhäuser geputzt, Autos gewaschen und den Bauern auf den Feldern geholfen.

Aus dem ganz einfachen Grund, weil wir durch das Taschengeld nicht nur Bedürfnisse gedeckt, sondern auch geweckt haben. Wir wollten mehr. Nachdem wir „Etwas" kennengelernt hatten. Für dieses „Mehr" haben wir gearbeitet. Freiwillig. Und genau so wird es nach der Einführung des BGE sein.

Nachdem mittels BGE das abgesichert ist, was wir brauchen, haben wir jetzt die Gelegenheit, für das zu arbeiten, was wir wollen. Und der Spaß an der Arbeit für die Erfüllung unserer Wünsche ist ganz sicher deutlich höher als wenn wir (wie bisher) für das arbeiten müssen, was wir zur Existenzsicherung brauchen. Zumal nach diesem Ziel keine Zeit für Wunschziele bleibt.

Bei Millionen Niedriglöhnern langt das Einkommen derzeit noch nicht einmal zur Existenzsicherung. Geschweige denn für die Erfüllung der persönlichen Wünsche. In der Regel ist bei einer ständig wachsenden Zahl der Arbeitnehmer am Ende des Lohnes immer mehr Monat übrig.

Wer Löhne drückt, der vernichtet Kaufkraft und drückt damit auch Umsätze. Das ganze Wirtschaftssystem kommt in Gefahr, wenn zu wenig Kaufkraft vorhanden ist. Und mit Kaufkraft meinen wir das verfügbare Einkommen pro Person. Real. Nicht nach irgendwelchen Statistiken, die eine fiktive Verfügbarkeit von Gesamtmitteln auf alle Personen oder Personengruppen als Basis haben.

Hier eine aktuelle Presseinformation, die beim Weiterdenken recht hilfreich sein kann:

*BÜNDNIS 90/DIE GRÜNEN Landesverband Sachsen*
*Landesvorstandssprecherin Dr. Claudia Maicher*
*Tel. 0351 4901521, Mobil 0178 8815649,*
*Wettiner Platz 10, 01067 Dresden*
***************************************************

Pressemitteilung 2011-22  * Datum: 20.05.2011

*Niedriglöhne - GRÜNE: Geringe Löhne fördern Abwanderung*
*Maicher: Staatsregierung muss sich für gerechte Entlohnung*
*stark machen*

*Zur Entwicklung des Niedriglohnsektors in Sachsen erklärt Claudia Maicher, Landesvorsitzende von BÜNDNIS 90/DIE GRÜNEN Sachsen:*

*"Dass Sachsen zusammen mit Mecklenburg-Vorpommern Spitzenreiter bei den Niedriglöhnen in Deutschland ist, ist ein Armutszeugnis. Das Land der Ingenieure wird immer mehr zum Land der Lohnungerechtigkeit."*

*Nach Presseberichten von heute beziehen immer mehr Sachsen Niedriglöhne. Der Niedriglohnsektor ist seit dem Jahr 2000 um 8 Prozent angestiegen.*
***Die Zahlen der amtlichen Statistik weisen zum Jahresende 2009 43,9 Prozent der Vollzeitbeschäftigten im Niedriglohnbereich aus.***
*"Wenn Sachsen seine jungen Menschen nicht durch Abwanderung verlieren will, muss die Staatsregierung sich für eine faire Entlohnung stark machen. Arbeitnehmer zuverlässig vor Niedrigstlöhnen zu schützen und prekäre Beschäftigung zu vermeiden ist eine Grundvoraussetzung für einen innovativen und zukunftsfähigen Arbeitsmarkt.", erklärt Maicher.*
*"Gelingt es uns in Sachsen nicht, die Zunahme von befristenden Zeitarbeitsverträgen, Minijobs und niedriger Entlohnung zu stoppen, drohen nicht nur steigende zusätzliche Sozialleistungen sondern auch massive Altersarmut in wenigen Jahren.", so die GRÜNEN-Landesvorsitzende abschließend.*
*<Ende – Pressemitteilung>*

Zeitglich erreichte uns eine Pressemitteilung des Statistischen Landesamtes Sachsen. Die will ich Ihnen natürlich nicht vorenthalten. Bevor Sie sie lesen sollten Sie sich an die Erklärung eines Humoristen erinnern, der dem Publikum den Wert solcher

Statistiken vor Augen geführt hat. Es geht immer darum: Wenn zwei Menschen zusammen sitzen, von denen einer eine Torte besitzt, die er in acht Stücke aufschneidet, dann haben die beiden Leute am Tisch statistisch je vier Stück Torte.

In der Praxis wird es dem mit der Realtorte nach deren Verzehr hundsübel, während der mit den statistischen vier Tortenstücken dabeisitzt und verhungern kann, ohne dass sich dabei etwas an seinem statistischen Besitz etwas ändert. Und hier die angedrohte Pressemeldung:

*Medieninformation des Statistischen Landesamtes des*
*Freistaates Sachsen Nr. 118/2011 zum 20. Mai 2011*
*Sachsen im Krisenjahr 2009:*
*mehr private Konsumausgaben, weniger gespart*

-------------------------------------------------------------------

*Im Jahr 2009 hat jeder Einwohner in Sachsen durchschnittlich 14.495 € für den privaten Konsum ausgegeben, das waren 344 € bzw. 2,4 Prozent mehr als im Vorjahr. Außerdem wurden von dem pro Kopf im gesamten Jahr verfügbaren Einkommen 9,6 Prozent bzw. 1.539 € pro Person gespart. Dieser Sparbetrag verringerte sich gegenüber dem Vorjahr um 106 € oder 6,4 Prozent. Dies war der größte Rückgang des Pro-Kopf-Betrages beim Sparen seit dem Jahr 1998.*
*Deutschlandweit erreichten die privaten Konsumausgaben 17.234 € je Einwohner, 0,1 Prozent mehr als 2008. Das aktuelle sächsische Ergebnis entsprach 84 Prozent des gesamtdeutschen Niveaus. Für die alten Länder ohne Berlin lag der Pro-Kopf-Wert bei 17.941 € und damit um rund 3.600 € über dem Ergebnis für die fünf neuen Länder.*
*Insgesamt betrugen die Konsumausgaben im Jahr 2009 in Sachsen 60,6 Milliarden € in jeweiligen Preisen. Dieser Wert lag*

*um 1,8 Prozent über dem von 2008. Der Anteil Sachsens an den gesamtdeutschen privaten Konsumausgaben betrug 4,3 Prozent.*

*Im Durchschnitt wurden 2009 in Deutschland 2.159 € je Einwohner gespart, das waren 124 € bzw. 5,4 Prozent weniger als im Jahr 2008.*
*Die in Sachsen pro Kopf gesparten 1.539 € repräsentierten 71 Prozent des gesamt-deutschen Durchschnittswertes. Im Vergleich dazu wurden in den fünf neuen Ländern 2009 durchschnittlich je Einwohner 1.590 € und in den alten Ländern ohne Berlin 2.301 € gespart.*
*Die gesamtdeutsche Sparquote lag bei 11,1 Prozent des verfügbaren Einkommens der privaten Haushalte. Das Sparvolumen in Sachsen betrug 2009 in jeweiligen Preisen rund 6,4 Milliarden €, womit der sächsische Anteil am Bundeswert bei 3,6 Prozent lag.*
*<Ende – Pressemeldung>*

Und jetzt sollten Sie, nach einer kleinen Denkpause, unbedingt wieder ein paar Notizen machen. Sie können dabei gerne nach Ihren vier Tortenstücken oder nach Ihren 2009 gesparten 2.159 Euro suchen. Haben Sie einen Ehepartner und zwei Kinder, dann erweitern Sie die Suche auf 8.636 Euro Spargeld...

-Notiz-

# Fragen statt glauben
* Über den Autor

In Deutschland gibt es noch immer eine Titelgläubigkeit, die zu einer Art intellektueller Monokultur geführt hat. Man ist in weiten Bereichen der Bevölkerung Amts- und Titelgläubig. Wer über den Tellerrand hinausschaut, dem spricht man gerne die Qualifikation ab. Konsens wird uns gerne als nachhaltiges Wissen mit Naturgesetzqualität verkauft.

Zugegeben: Mit dem Glauben hatte ich es nie so. Das hat bei mir nie funktioniert. Wissen wollte ich immer. Wissen hatte dieses zarte Aroma von Sicherheit. So am Anfang.

Dann kam Ted Sturgeon: *Stelle die nächste Frage. Stelle die nächste Frage und die nächste und die, die darauf folgt. Es ist das Symbol für alles menschliche, das jemals geschaffen wurde, und es ist der Grund, dass es geschaffen wurde. Dieser Typ sitzt in einer Höhle und er sagt: "Weshalb kann ein Mensch nicht fliegen?" Gut, das ist die Frage. Die Antwort wird ihm möglicherweise nicht helfen, aber die Frage ist gestellt.*

*Die nächste Frage ist was? Wie? Und so haben Menschen durch alle Zeitalter hin versucht, die Antwort auf diese Frage zu finden. Wir haben die Antwort gefunden und wir fliegen. Das ist die Wahrheit aller Fähigkeiten, egal ob technologischer, literarischer, poetischer, politischer Art oder irgendetwas anderes. Das ist es. Stell die nächste Frage. Und die darauf folgende.*

Nachdem ich Sturgeon gelesen hatte war klar: Wissen hat keinen finalen Aspekt. Oder, um es für die abgestumpften Leser mit einer Sendung-mit-der-Maus-Weisheit zu sagen: *„Wer nicht fragt bleibt dumm."* Und diese Erkenntnis endet nicht mit einem bestimmten Lebensalter oder der Jahre- und Jahrzehntealten Wiederholung von sogenanntem Wissen. Die Realität zeigt, dass man immer wieder daran erinnern muss: Wissen hat keinen finalen Aspekt!

Über Konsens und Consensus Omnium, die uns gerne als finales Wissen  verkauft werden, informieren Sie sich einfach bei Wikipedia, wenn hier Nachholbedarf besteht.

Haben Sie keine Scheu, etwas aus den Fach- und Experten-sprachen in verständliches Deutsch zu übersetzen. Wenn Sie sich verständlich machen wollen, dann müssen Sie eine Sprache benutzen, die jeder versteht. Alles Andere dient nur der Abgrenzung. Und vergessen Sie dabei nicht, dass die gefährlichste Spezies auf dieser Erde die sogenannten Spezialisten sind. Man sollte sich immer fragen wer sie bezahlt und wem sie nutzen.

-Notiz-

# Was uns krank macht

- Wer A sagt...
- Fehler im System
- Soforthilfe BGE

Die Erfahrung zeigt, dass uns prekäre Verhältnisse schon vor der Geburt prägen, und unseren gesamten Lebensweg beeinflussen (können).

Unabhängig davon, ob Sie mir zustimmen, oder nicht, wird Sie dieses Kapitel noch ein Stück weiterbringen. Wissen schadet immer nur dem, der es unterdrücken will. Oder: Wer A sagt...

Also sage ich hier auch B. Zufall, dass das für BGE stehen kann. Für Bedingungsloses Grundeinkommen. Denn das wäre eine Therapie, die kurzfristig Millionen Menschen vor Konflikten (schulmedizinisch Krankheiten) bewahren könnte. Und das ist selbst innerhalb unseres Systems längst kein Geheimnis mehr. Werfen Sie einen Blick auf eine Pressemitteilung des *Sächsischen Staatsministeriums für Soziales,* die diese Erkenntnisse deutlich unterstreicht:

***SMS - Sächsisches Staatsministerium für Soziales***
*07.10.2009*

*Soziales*
*Schuldnerberatung ist mehr als eine erste Hilfe*

***Leben mit Schulden geht einher mit Krankheit, zerbrechenden Beziehungen, sozialer Ausgrenzung.*** *Letztlich wirkt dieses "Leben im Negativen" negativ auf unsere ganze Gesellschaft - auf die Gläubiger, die Arbeitgeber, die öffentlichen Haushalte.*

*"Gemeinsam und aktiv setzen wir uns dafür ein, dass sächsische Bürger und ihre Familien aus der Schuldenfalle herausfinden oder am besten: gar nicht erst hinein geraten", erklärte Verbraucherschutzministerin Christine Clauß anlässlich der heutigen sächsischen Fachtagung der Insolvenzberatungsstellen in Dresden.*

*So unterstützen die Sächsische Staatsregierung, Kommunen und die Grundsicherungsträger für Arbeitsuchende die sozialen Beratungsstellen. Gerade die soziale Schuldnerberatung sichere eine Nachhaltigkeit der Maßnahmen - denn hier wird nicht einfach kontrolliert, dass nicht zu viel ausgegeben wird. Hier steht der vernünftige Umgang mit Geld im Mittelpunkt, und der bestimmt letztlich auch, ob aus einem schuldenfreien Neuanfang auch danach ein Leben ohne Schulden wird.*

*Vor allem auch Kinder und Jugendliche müssen lernen, mit Geld umzugehen.*

*Schon hier werde deutlich, dass Schuldnerberatung mehr sein müsse als eine "erste Hilfe", betonte Clauß. Schuldnerberatung sei präventive Arbeit.*

*"Wir brauchen eine Fachberatungsstelle, die als Kompetenzzentrum für Schuldenprävention im Freistaat fungieren soll und statistische Erhebungen begleiten und koordinieren soll", so Clauß.*

*Die repräsentativen bundesweiten Untersuchungen der letzten Jahre gehen für die neuen Bundesländer von einer Überschuldungsquote von ca. 11,3 Prozent der Haushalte aus. Das entspricht etwa 245.000 überschuldeten Haushalten in Sachsen.*

*Der Freistaat Sachsen unterstützt mit jährlich 2,2 Millionen Euro die sächsischen Schuldnerberatungs- und -präventionsstellen. www.sms.sachsen.de*

Obwohl der erste Satz dieser Pressemitteilung die wesentlichen Fakten enthält, habe ich Ihnen die komplette Mitteilung präsentiert. Damit Sie sich ein entsprechendes Gesamtbild machen können.

Was Sie nur zwischen den Zeilen lesen können, sage ich Ihnen im Klartext: Unser sogenanntes Sozialsystem macht krank. Hartz IV zerstört Menschen und ihre Beziehungen. Denn es langt nicht zu einer Teilnahme am öffentlichen (kulturellen) Leben. Es langt noch nicht einmal, um sich vernünftig zu ernähren, zu kleiden oder zu wohnen. Versuchen Sie das mal mit rund 364 Euro im Monat, von denen zum Beispiel noch Teile der Miet-Nebenkosten abgehen.

Wenn Sie die Nachricht verstanden haben, können Sie sich selbst ausmalen, was mit den Menschen passiert, die plötzlich auf Hartz IV angewiesen sind. Das Selbstwertgefühl geht in den Keller und von dort, per DHS (neumedizinisch für Konfliktschock), in die Knochen. Sie verlieren Ihr Revier, Ihren Platz in der Gesellschaft. Die Beziehungen werden strapaziert, bis sie zerbrechen. Und die Betroffenen mit ihnen. Das bestätigt Ihnen die amtliche Mitteilung aus dem Ministerium schon im ersten Satz. Nur für den Fall, dass Sie da noch Zweifel haben sollten. Hinterfragen Sie bei den Statischen Landesämtern, oder dem Statischen Bundesamt die aktuellen Zahlen bezüglich der Erkrankungen bei „Arbeitslosen" und Niedriglöhnern, wenn Sie es genau wissen wollen. Das geht auch per www.destatis.de über das Internet.

Es ist also nicht nur so, dass die sogenannten Sozialleistungen zu niedrig sind und damit unsozial. Sie schädigen in ihrer Geringfügigkeit die Menschen im Einzelnen und die Gesellschaft als solche. Die Folgekosten, die aus diesem Mangel resultieren, sind immens. Und sie steigen Jahr um Jahr. Fehler im System nennen wir das.

Wer weniger (zu wenig) Einkommen hat, der kann weniger konsumieren. Wo weniger konsumiert (gekauft) wird, macht der Handel weniger Umsätze. Wo weniger Umsätze generiert werden, benötigt man weniger Arbeitskräfte. Wer seinen Job verliert… Beginnen Sie wieder am Anfang dieses Absatzes. Notfalls so lange, bis Sie das System verstanden haben.

Sie haben recht. Das ist eine Endlosschleife. Aus der kommen wir auch mit ABM-Maßnahmen, Schulungen oder Ein-Euro-Jobs nicht heraus. Um das erkennen zu können muss man nicht Betriebswirtschaft studiert haben. Und wer die Neue Medizin kennt, sieht die Flut von Konfliktschocks, die auf die Menschen zukommen. Das ist eine echte Pandemie. Nicht die Rinder-, Vogel- , Schweine- oder gar Gurkengrippe.

Und sie trifft natürlich nicht nur unsere Hartz-Opfer. Sie trifft auch all jene, die einen Sinn für soziale Ausgewogenheit mitbringen. Denn das passiert in unserem Revier. Auch ein Götz Werner, der zu den reichsten Männern in diesem Land zählt, kann und will sich damit nicht abfinden. Lesen Sie seine Bücher und Artikel zum Bedingungslosen Grundeinkommen. Dann werden Sie verstehen, was ich meine. Aber das tun Sie sicher jetzt schon, wenn Sie dieses Kapitel nicht einfach überblättert haben.

Das Statistische Bundesamt liefert uns die Hintergrunddaten. Hier aus dem Jahr 2006. (Quelle: http://www.gbe-bund.de/gbe10/)

## 2.1 Soziale Lage und Gesundheit
*Zusammenfassung*

*Der allgemeine Lebensstandard, das Durchschnittseinkommen sowie das Bildungsniveau in Deutschland sind in den vergangenen Jahrzehnten kontinuierlich gestiegen. Gleichzeitig haben jedoch angesichts schwieriger wirtschaftlicher Rahmenbedingungen und der anhaltend hohen Arbeitslosigkeit Ungleichheit und Armutsrisiken tendenziell zugenommen. So hat sich der Anteil der Sozialhilfeempfängerinnen und -empfänger an der Bevölkerung seit Anfang der 1960er Jahre von unter einem auf über drei Prozent im Jahr 2002 erhöht. Auch die Zahl der von Einkommensarmut bedrohten Menschen ist angestiegen. Derzeit sind 13,5 Prozent der Bevölkerung einem erhöhten Armutsrisiko ausgesetzt. Kinder und Jugendliche sind dabei überdurchschnittlich, ältere Menschen, vor allem ab 65 Jahren, unterdurchschnittlich betroffen.*

*Sozial benachteiligte Bevölkerungsgruppen sind durch stärkere Arbeitsbelastungen, schlechtere Wohnverhältnisse, vermehrten Zigarettenkonsum, häufigeres Übergewicht und größeren Bewegungsmangel einem teilweise deutlich erhöhten Krankheitsrisiko ausgesetzt.*

***Leiden wie Schlaganfall, chronische Bronchitis, Schwindel, Rückenschmerzen und Depressionen sind in der unteren Sozialschicht sowohl bei Frauen wie Männern häufiger als in der oberen Schicht.***

***Eine besondere Risikogruppe stellt die gewachsene Zahl der Arbeitslosen dar.*** *Bei den 20- bis 59-Jährigen leiden knapp 50 Prozent der arbeitslosen, dagegen rund 30 Prozent der erwerbstätigen Männer und Frauen unter gesundheitlichen Beschwerden. Dies führt bei Arbeitslosen im Vergleich mit Erwerbstätigen zu einer etwa doppelt so großen Zahl von Krankenhaustagen.*

*Schlechter gestellt sind auch die mehr als eine Million allein erziehenden Frauen. Ende 2002 war jede vierte von ihnen sozialhilfeabhängig.* ***Allein erziehende Mütter sind generell unzufriedener mit ihrer Lebenssituation als verheiratete Mütter und leiden vermehrt unter Bronchitis, Leber- und Nierenleiden sowie psychischen Erkrankungen.*** *Bei den deutlich weniger zahlreichen allein erziehenden Vätern finden sich diese gesundheitlichen Beeinträchtigungen nicht.*

Diese Analyse lässt keinen Spielraum für Zweifel. Die vom Statistischen Bundesamt angeführten „Leiden" des sogenannten Prekariats sind typisch, und bedürfen hier keiner weiteren Erklärung.

Auch deshalb benötigen wir ein Bedingungsloses Grundeinkommen. Um einem juristischen Konsens zu folgen, zumindest in der Höhe des pfändungsfreien Betrags pro Person.

Aktuell sind das 989,99 Euro im Monat. Die garantieren, neben der Teilhabe am kulturellen Leben, auch die Vermeidung der DHS-abhängigen „Erkrankungen" der Menschen in vielen Lebenssituationen. Schon das erspart dem Staat viele Milliarden sogenannter Gesundheitskosten pro Jahr.

Mehr als 100.000 Bedienstete der Agentur für Arbeit, die derzeit den Mangel verwalten, sind damit überflüssig. Das spart alleine Lohnkosten von rund drei Milliarden Euro jährlich. Unabhängig von den erheblichen Beträgen für Miete, Einrichtungen, Strom, PC und Materialkosten dieser Behörde.

Weitere Milliarden greifen derzeit überwiegend Stiftungen ab, die Beschäftigungsmaßnahmen anbieten. So hochwertige Jobs, wie Babyausstattungen zu häkeln/stricken und alte Puzzles auf ihre Vollständigkeit zu prüfen. Angeblich alles Lohn-Job-nahe Tätigkeiten…

Ein Bedingungsloses Grundeinkommen (BGE) wird nicht nur die Armut abschaffen und die Menschenwürde wiederherstellen, sondern auch für Kaufkraft in der Fläche sorgen und damit für mehr und sichere Arbeitsplätze. Denn nur Kaufkraft bringt Umsatz und der neue Arbeitsplätze.

## Zusammenfassung:

Bedingungsloses Grundeinkommen (BGE) erhalten alle Bundesbürger. Damit entfallen, bis auf den Bestand, alle weiteren Leistungen, außer in Notfällen.

Was bei der BGE-Kostenfrage gerne ignoriert wird sind Rentner und Pensionäre, die mit mehr als 21 Millionen Menschen mehr als ein Viertel der Bevölkerung ausmachen. Und die Zahl wächst.

Aktuell bevorzugen wir die BGE-Optimallösung, bei der Einkommenssteuern und andere bedingte Steuern entfallen. Es wird ein reines Verbrauchssteuersystem auf Basis der derzeitigen Mehrwertsteuer eingeführt. Unter Berücksichtigung aller derzeitigen Steuern kann diese 50 Prozent betragen, ohne dass damit eine Verteuerung der Produkte und Dienstleistungen anfällt.

Im Klartext: Alle Waren würden ohne Preiserhöhungen weiterhin verfügbar sein. Der Mehrwertsteuersatz fasst alle bisherigen Steuern zusammen. Es ist faktisch keine Erhöhung, gegenüber dem jetzigen System notwendig.

Einnahmen aus Erwerbsarbeit sind damit Nettoeinnahmen. Allenfalls abzüglich Krankenversicherung. Unser Steuersystem wäre somit leicht überschaubar und hinterziehungssicher. Steigen die Umsätze unserer Wirtschaft, steigen auch die Steuereinnahmen, das Staatsvermögen.

Wie gesagt: Das ist im Moment die bevorzugte Steuerreform. Allerdings ist auch ein Modell denk- und machbar, das auf dem derzeitigen aufbaut. Es würde die in Deutschland so beliebte Bürokratie mit Hunderttausenden Arbeitsplätzen in der Kontrolle und Abwicklung erhalten. Wenn man das will.

Mit BGE: Arbeitnehmer werden zu selbstbestimmten Partnern der Unternehmer. Kündigungsschutz, Mindestlöhne und all die Krücken, die das bisherige System stützen sollten, entfallen ersatzlos. Das neue System wird eine paritätische Partnerschaft von Unternehmer und Arbeitnehmer generieren. Zum Wohle beider Parteien.

Armut wird nicht bekämpft, sondern abgeschafft. Niemand wird mehr gezwungen (sein), seine Heimat zu verlassen, um in einem anderen (Bundes-)Land zu arbeiten, und dort die Löhne zu drücken.

Den Faktor Gesundheit habe ich bereits innerhalb dieses Kapitels behandelt. Auch dort dürfte es keine Zweifel mehr über den Nutzen des BGEs geben.

Die zurzeit auf dem Kopf stehende Alterspyramide würde auf Sicht wieder auf eine breite Basis gestellt werden. Mit einem existenzsichernden Bedingungslosen Grundeinkommen werden sich Paare wieder ihre Kinderwünsche erfüllen (können). Familie wird wieder für alle Bürger möglich.

-Notiz-

# Epilog

- Jobs on Demand
- Was demnächst noch kommt

Bei Veranstaltungen und in unseren Büchern und Artikeln sprechen wir oft von Jobs on Demand. Das ist als Synonym für Arbeit nach Bedarf zu verstehen. Bisher hatte nur der Anbieter (Arbeit-Geber) das Privileg, Jobs nach Bedarf zu vergeben. Mit Einschränkungen. Die sich aus vermeintlichen Schutzmechanismen für den Arbeitnehmer ableiten.

Der Kündigungsschutz gehört dazu. Mit dem sollen willkürliche und einseitige Kündigungen durch den Arbeitgeber verhindert werden. Das funktioniert zwar nur bedingt, bringt aber manche Unsicherheit für die Arbeitgeber mit sich. Vor Gericht, auch vor dem Arbeitsgericht, gibt es bekanntlich kein Recht, sondern ein Urteil.

Auch das während der sogenannten „Wirtschaftskrise" so populäre Kurzarbeitergeld ist überflüssig. Damit sollen Arbeitsplätze gesichert werden, „bis es unserer Wirtschaft besser geht". Hmm…

Ob irgendwer dabei bedacht hat, dass hier wieder einmal alle einspringen, die Steuern zahlen? Und dass man damit auch die eigenen Wettbewerber zwangsunterstützt? Hmm…

Mit Einführung eines BGEs sind diese Absurditäten hinfällig. Wir werden keinen zusätzlichen „Schutz" benötigen, weil Lohnarbeit nach Bedarf angeboten und angenommen wird. Und auf der Annahmeseite nicht mehr um jeden Preis. Weil der Bedarf der Arbeit-Nehmer nicht mehr zur existenziellen Frage wird. Es entfällt der Zwang und damit das zusätzliche Schutzbedürfnis. Eine klassische Win-Win-Situation.

Arbeitszeiten werden flexibel. Arbeitsverhältnisse werden partnerschaftlich. Es wird keine Standardzeiten, wie die 40-Stunden-Woche, mehr geben. Auch die „Ladenschlusszeiten" werden verschwinden. Weil niemand mehr von seinem Job abhängig sein wird. Arbeit-Geber werden ihre Stammbelegschaft mit Umsatzbeteiligungen locken.

Das Betriebsklima wird ein wesentlicher Punkt sein, wenn jemand dauerhaft im Wettbewerb bestehen will. Es wird (wieder) Spaß machen, *zur Arbeit zu gehen*. Und Sinn.

Wettbewerb wird über innovative Produkte definiert und natürlich über den Preis. Wobei Qualität eine weit größere Rolle spielen wird, als zurzeit.

Die Zahl der Unternehmensgründer wird steigen. Das wird zu mehr Service in der Fläche führen. Andere werden sich in bestehende Unternehmen einbringen. Denn das Ziel ist nicht mehr der Profit um des Profits Willen, sondern der Fortschritt. Forschung und Entwicklung werden so zu bezahlbaren Leistungen. Auch für Kleinunternehmer und den Mittelstand.

Viele Menschen, die heute schon ehrenamtlich in den unterschiedlichsten Bereichen tätig sind, werden ohne Existenzangst ihrer Berufung folgen (können). Ein deutliches Plus für die Gesellschaft.

Die künstlich geförderte Neid-Gesellschaft, in der der Mensch seine Wertigkeit aus dem Besitz ableitet, hat mit der Einführung des BGEs keinen Bestand mehr.

Heute ist es noch immer so:
Wir kaufen Dinge, die wir nicht brauchen, mit Geld, das wir nicht
haben, um Menschen zu imponieren, die wir nicht mögen.

Christopher Ray  *  25. 4. 2010

PS. Und wenn Sie noch immer glauben, dass (Lohn)Arbeit der Sinn Ihres Lebens ist,
dann habe ich noch einen Lese-Tipp für Sie:
**Sinn von Arbeit**
Wieland Jäger &  Kurt Röttgers
vs-verlag *  ISBN: 978-3-531-15375-9

-Notiz-

# Inhaltsverzeichnis

-Notiz-

# FAKTuell -Verlag
### Wir machen´s einfach!

**Wir haben das Hungern satt**
**Leichter leichter mit dem LowCarb-ABC**
Monika Berger-Lenz & Christopher Ray
Books on Demand * ISBN-13: 978-3980920346

***

**Wir haben das Fettsein dicke!**
**Die Wahrheit über ketogene Ernährung,**
**Atkins-Diät, Low-Carb und Ketarier**
Monika Berger-Lenz & Christopher Ray
Books on Demand * ISBN-13: 978-3980920315

***

**Das Bedingungslose Grundeinkommen**
**eine Chance zum Leben?**
**Ein Projekt in Namibia und Aspekte der**
**möglichen Übertragbarkeit auf die Bundesrepublik Deutschland**
Monika Lenz & Christopher Ray
Books on Demand * ISBN-13: 978-3839171790

***

**Bedingungsloses Grundeinkommen**
**Jobs on Demand**
**oder:**
**Taschengeld statt Hamsterrolle**
Monika Berger-Lenz & Christopher Ray
Books on Demand * ISBN-13: 978-3839161654

# FAKTuell -Verlag
Wir machen´s einfach!


## InfoTipp:

www.faktor-L.de
Das Forum zur Neuen Medizin


www.ketario.de
Das Forum zur ketogenen Ernährung


www.FAKTuell.de
Deutschlands erste Onlinezeitung

---

FAKTuell-Redaktion
Monika Lenz
An den Birken 5
02827 Görlitz
*

Phone: +49 03581-40224-0
Mail: Fakt@FAKTuell.de


FAKTuell -Verlag
Wir machen´s einfach!